AF356773

CATALOGUE

DE

LIVRES PRÉCIEUX

SUR LA BOTANIQUE

Ornés de planches coloriées

ET D'OUVRAGES DIVERS

COMPOSANT

LA BIBLIOTHÈQUE DE FEU M. LE DOCTEUR M***

DONT LA VENTE AURA LIEU

Le Samedi 3 Mars 1883

à sept heures et demie du soir

RUE DES BONS-ENFANTS, 28, (MAISON SILVESTRE)

Salle n° 1

Par le Ministère de Mᶜ Maurice DELESTRE, commissaire-priseur

RUE DROUOT 27,

Assisté de M. Em. PAUL, gérant de la librairie Vᵛᵉ Adolphe LABITTE.

PARIS

Vᵛᵉ ADOLPHE LABITTE

LIBRAIRE DE LA BIBLIOTHÈQUE NATIONALE,

4, RUE DE LILLE, 4

1883

ORDRE DE LA VACATION

Numéros. . . . . 82 à 120

—   . . . . 1 à 81

LIVRES EN LOTS

CONDITIONS DE LA VENTE

La vente se fait expressément au comptant.

Les acquéreurs payeront 5 pour 100 en sus des enchères, applicables aux frais.

Il y aura exposition le jour de la vente, de 2 à 4 heures.

Les livres devront être collationnés dans les vingt-quatre heures de l'adjudication. Passé ce délai, ou une fois sortis de la salle de vente, ils ne seront repris pour aucune cause.

M. EM. PAUL, gérant de la librairie Vᵛᵉ Adolphe Labitte, chargé de la vente, remplira les commissions des personnes qui ne pourraient y assister.

CATALOGUE

DE

LIVRES PRÉCIEUX

SUR LA BOTANIQUE

Ornés de planches coloriées et d'ouvrages de divers genres

COMPOSANT

LA BIBLIOTHÈQUE DE FEU M. LE DOCTEUR M***

PREMIÈRE PARTIE

BOTANIQUE

1. Voyage dans l'empire de Flore, ou Éléments d'histoire naturelle végétale, par L. M. P. T. (Hanin). *Paris, Allut,* 1800, 2 part. en 1 vol. in-8, demi-rel. bas.

2. Éléments de botanique, ou Méthode pour connaître les plantes, par Pitton de Tournefort, édition augmentée par Jolyclerc. *Lyon, Bernuset,* 1797, 4 vol. de texte et 2 vol. contenant environ 489 planches grav. — Ens. 6 vol. gr. in-8, demi-rel. v. vert.

3. Nova plantarum genera, juxta Tournefortii methodum disposita, quibus plantæ mdcccc recensentur..... regiæ Celsitudini Joannis Gastonis magni Etruriæ ducis auctore Petro Antonio Michelio. *Florentiæ,* 1729, 1 tome en 2 vol. pet. in-fol. 234 pp. de texte et 108 pl. gravées, demi-rel. v. ant. gran.

Ouvrage recherché et rare.

4. Carolis a Linne equitis systema vegetabilium secundum classes, ordines, genera, species cum characteribus et differentiis, curante Andrea Murray. *Parisiis, Didot,* 1798, in-8, v. rac. dent. sur les plats.

5. Système sexuel des végétaux, par Charles Linné. Première édition française, calquée sur celle de Murray et de Persoon, etc..... par N. Jolyclerc. *Paris, Arthus Bertrand,* 1803, in-8, v. rac.

Tome Ier seul.

6. Tableau encyclopédique et méthodique des trois règnes de la nature. — Botanique, par M. le chevalier de La Mark, continuée par J.-L.-M. Poiret. — Illustration des genres. *Paris, Panckoucke,* 1791-1823, 3 vol. — Recueil de planches de botanique, 4 vol. renfermant 1,000 planches. — Ens. 7 vol. in-4, demi-rel. v. ant. rac.

7. Tableau du règne végétal selon la méthode de Jussieu, par Ventenat. *Paris, Drisonnier, an VII* (1799), 4 vol. in-8, pl. grav. v. rac. dent. sur les plats.

8. Synopsis plantarum, seu enchiridium botanicum, curante Persoon. *Parisiis Luteliorum, Cramer,* 1805-1807, 2 parties en 1 fort vol. in-12, texte compacte à 2 col. v. ant.

9. Casp. Bauhini Pinax theatri Botanici, sive index in Theophrasti, Dioscoridis, Plinii opera, etc. *Basileæ,* 1671, in-4, vél.

A ce volume est joint le *Prodromus theatri Botanici,* du même. *Basileæ,* 1671, in-4, figures.
Ces deux ouvrages sont recherchés.

10. Plantarum umbelliferarum distributio nova, per tabulas cognationis et affinitatis ex libro naturæ observata et detecta authore Roberto Morison. *Oxonii, E theatro Sheldoniano,* 1672, in-fol. 12 pl. gravées, br.

11. Plantarum historiæ Universalis Oxoniensis seu Herbarum distributio nova per tabulas cognationis et affinitatis ex libro naturæ observata et detecta. Auctore Roberto Morison. *Oxonii, e theatro Sheldoniano,* 1680-1699, 2 forts vol. in-fol. planches gravées, cart. non rog.

Ouvrage rare dont il n'a paru que la deuxième et la troisième partie.

12. LA BOTANIQUE mise à la portée de tout le monde, ou Collection des plantes d'usage dans la médecine, dans les ali-

ments et dans les arts, avec des notices instructives, etc.,
exécutée et publiée par les S^r et D. Regnault. *Paris*, 1784,
2 forts vol. in-fol. planches, v. ant. marbr.

> 475 planches gravées et coloriées avec autant de feuillets d'explication.
> Ouvrage complet.

13. Recueil des plantes de Robert, Abr. Bosse et Louis de
Chatillon, gravées par ordre du Roi Louis XIV. *Paris, de
l'Imprimerie Royale, s. d.*, 1 tome en 3 vol. in-fol. contenant 319 planches gravées et 1 frontispice, demi-rel. bas.
non rog.

> Ouvrage bien exécuté.

14. Leonardi Plukenetii Opera Botanica. *Londini*, 1769,
6 tomes en 4 vol. gr. in-4, planches gravées, cart. non rog.

> Édition préférée à cause des Tables qui y sont ajoutées.

15. Descriptionum et Iconum rariores et pro maxima parte
novas plantas illustrantium liber primus, conscriptus a
Rottböll. *Haffniæ*, 1773, in-fol. 72 pages de texte et 21 planches grav. cart. non rog.

16. ICONES PLANTARUM RARIORUM editæ a Nicolao Josepho
Jacquin, Botanicæ professore. *Vindobonæ*, 1781-1795,
3 vol. in-fol. planches coloriées, v. jasp. dent. tr. dor.

> Ouvrage précieux et bien exécuté, dont les exemplaires sont rares
> en France.
> Bel exemplaire.

17. Nic. Jos. Jacquin. Fragmenta Botanica. *Viennæ*, 1800, gr.
in-fol. 60 pp. de texte et 87 planches gravées et coloriées,
demi-rel. bas. verte, non rog.

> Premier fascicule de ce bel ouvrage.

18. Tabula systematis floralis, classes congregatæ. *S. l. n. d*
Recueil de 195 planches grav. réunies en 2 vol. cart.

19. Traité des arbres et arbustes que l'on cultive en France,
par Duhamel. Nouvelle édition, avec des figures, d'après
les dessins de P.-J. Redouté, dédié à Sa Majesté l'Impératrice. *Paris, Et. Michel*, 1804-1809, 4 vol. in-fol. planches
en couleur, demi-rel. bas.

> Les derniers feuillets du tome II et la moitié du tome III sont rongés
> par l'humidité ; il faut 7 vol. à cette édition.

20. Traité des arbres et arbustes que l'on cultive en France,
en pleine terre, par Duhamel, rédigé par Loiseleur-

Deslongchamps. *Paris, Michel et Arthus Bertrand, s. d.,* in-fol. planches en couleur par Redouté, en livraisons.

Les 12 premiers fascicules comprenant les pages 1-286 du texte et 68 planches.

21. Antonii Goiian illustrationes et observationes botanicæ, ad specierum historiam facientes, etc..... *Tiguri, Orell,* in-fol. 26 pl. grav. cart. non rog.

Taches de moisissure sur le titre.

22. A. J. Retzii observationum botanicarum fasciculi tres. *Lipsiæ, apud Crusium,* 1779, 3 part. in-fol. fleur. sur titres et pl. grav. en feuilles.

Fascicule I : texte, pages 1-64 et 10 planches.
Fascicule II : texte, pages 1-28 et 4 planches.
Fascicule III : texte, pages 5-38 et 2 planches.

23. Characteres generum Plantarum, quas in itinere ad insulas maris Australis, collegerunt, descripserunt, delinearunt annis 1772-1775 Joannes Reinoldus Forster et Georgius Forster. *Londini,* 1776, in-4, 76 planches gravées, demi-rel. bas.

24. Histoire des plantes d'Europe, ou Élémens de botanique pratique, par Gilibert. *Lyon, Leroy,* 1798, 2 vol. pet. in-8, texte à 2 col. fig. dans le texte, demi-rel. bas.

25. Plantæ per Galliam, Hispaniam et Italiam observatæ iconibus acneis exhibitæ a R. P. Jacobo Barreliero ; opus posthumum editum cura et studio Antonii de Jussieu. *Paris, apud Stephanum Ganeau,* 1714, in-fol. frontispice, v. ant. marbr.

Cet ouvrage est orné de 1327 figures sur 334 ff.

26. Flore françoise, ou Description succincte de toutes les plantes qui croissent naturellement en France, par le C. Lamarck. *Paris, Agasse, an III,* 3 vol. in-8, 8 pl. grav. bas.

27. Synopsis plantarum in flora gallica descriptarum ; auctoribus J. B. de Lamarck et A. P. de Candolle. *Parisiis, Agasse,* 1806, in-8, bas.

Petit raccommodage dans la marge du titre.

28. Icones plantarum Galliæ rariorum nempe incertarum aut nondum delineatarum, auctore de Candolle : Fasciculus I. *Parisiis,* 1808, gr. in-4, 50 planches, cart. non rog.

29. Flora Gallica, seu enumeratio plantarum in Gallia sponte nascentium, auctore Loiseleur Deslongchamps. *Lutetiæ, Migneret,* 1806, fort vol. pet. in-8, 20 pl. grav. bas.

30. BULLIARD. HERBIER DE LA FRANCE, ou Collection complette des plantes indigènes de ce royaume, avec leurs détails anatomiques, leurs propriétés et leurs usages en médecine. *Paris, Garnery et Bluet jeune, s. d.* Collection de 602 planches gravées et coloriées réunies en 4 vol. in-fol. v. vert, dent. tr. dor.

> Ouvrage recherché.
> Nous avons joint à cet exemplaire les ouvrages suivants du même auteur : Histoire des champignons de la France. *Paris, l'auteur,* 1791, in-fol., figures. — Histoire des plantes vénéneuses et suspectes de la France. *A Paris, de l'imprimerie de Monsieur,* 1784, in-fol.; à la suite de ce volume se trouve relié, toujours du même auteur : Dictionnaire élémentaire de Botanique. *De l'imprimerie de Crapelet à Paris, chez Desrais,* 1797, avec planches en couleur.
> Ces deux volumes ont la reliure identique avec les précédents.

31. Plantes de la France, décrites et peintes d'après nature par Jaume Saint-Hilaire. *Paris, de l'imprimerie de P. Didot l'aîné,* 1808-1809, 4 vol. gr. in-8, 400 planches en coul. demi-rel. bas. rouge.

32. Botanicon Parisiense, ou Dénombrement par ordre alphabétique des plantes qui se trouvent aux environs de Paris, par le sieur Danet gendre, avec plusieurs descriptions des plantes et une critique des auteurs de botanique par feu M. Séb. Vaillant, enrichi de plus de trois cents figures, dessinées par le sieur Claude Aubriet. *A Leide et à Amsterdam,* 1727, in-fol. planches gravées, demi-rel. v. gran.

> Ouvrage recherché.

33. Flore des environs de Paris, ou Distribution méthodique des plantes qui y croissent naturellement, par M. Thuillier. *Paris, Veuve Desaint,* 1790, in-12, demi-rel. bas.

> Piqûres de vers.

34. Flore générale des environs de Paris, selon la méthode naturelle, par F. F. Chevallier. *Paris, Ferra,* 1827, 3 vol. in-8, 18 planches gr. demi-rel. v. brun.

35. Plantes des Alpes et des Pyrénées, par M. V... *Paris, Royez,* 1792, in-fol. 18 pages de texte et 7 planches gravées et coloriées, broché.

> Premier cahier de cette publication.

36. Flora Pedemontana, sive Enumeratio methodica stirpium indigenarum Pedemontii, auctore Carolo Allionio. *Augustæ Taurin.*, 1795, 3 vol. in-fol. pl. cart. non rog.

37. Alberti V. Haller Historia stirpium indigenarum Helvetiæ inchoata. *Bernæ*, 1768, 3 tomes en 2 vol. in-fol. cum 48 tab. cart. non rog.

Édition la plus recherchée de cet ouvrage estimé.

38. FLORÆ AUSTRIACÆ, sive Plantarum selectarum in Austriæ archiducatu sponte crescentium icones ad vivum coloratæ et descriptionibus ac synonymis illustratæ, opera et sumptibus Nicolai Josephi Jacquin. *Viennæ Austriæ*, 1773-1778, 5 vol. gr. in-fol. planches, v. ant. marbr.

Cet ouvrage contient (y compris une appendice) 500 planches coloriées avec beaucoup de soin.

39. Francisci comitis a Waldstein et Pauli Kitaibel Descriptiones et icones plantarum rariorum Hungariæ. *Viennæ, typis Matthiæ Schmidt*, 1802, fort vol. in-fol. planches, demi-rel. bas. verte, non rog.

190 planches coloriées.

40. Flora Barbiensis, edidit Scholler. *Lipsiæ, Wiedmann*, 1775, in-8, fleur. gr. sur le titre, parchemin.

41. Georgii Henrici Weberi Spicilegium floræ Gœttingensis plantas imprimis cryptogamicas Hercyniæ illustrans. *Gothæ*, 1778, in-8, 3 pl. gravées et color. cart.

Mouillures.

42. ICONES PLANTARUM SPONTE NASCENTIUM IN REGNIS DANIÆ ET NORWEGIÆ, in ducatibus Slesvici et Holsatiæ, et in comitatibus Oldenburgi et Delmenhorstiæ : Floræ Danicæ nomine inscriptum ; auctore Oeder. *Hauniæ, Molleri*, 1764-1834, 12 vol. in-fol. 2,160 planches gravées et color. v. rose, dent. sur les plats, tr. dor.

Très précieux ouvrage.
Ces 12 vol. comprennent les 36 premiers fascicules de cette publication qui a paru à raison de 60 planches par fascicule. Les 6 derniers vol. sont en demi-rel. seulement, ébarbés.

43. Flora Rossica, seu Stirpium Imperii Rossici per Europam et Asiam indigenarum descriptiones et icones, edidit P. V. Pallas. *Petropoli, e Typographia Imperiali*, 1784, in-fol. 80 pp. de texte et 57 planches gravées et en couleur, demi-rel. bas. non rog.

Cet ouvrage n'a pas été terminé.

44. Stirpium rariorum in Imperio Rutheno sponte provenientium icones et descriptiones collectæ ab Joanne Ammano. *Petropoli*, 1739, in-4, 35 planches gravées, v. ant. rac.

Cet ouvrage, qui passe pour être fort exact, n'a jamais été terminé.

45. Flora Ægyptiaco-Arabica, sive Descriptiones plantarum quas per Ægyptum inferiorem et Arabiam felicem detexit, illustravit Petrus Forskål. *Hauniæ*, 1775, in-4, cart.

46. A Decade of curious and elegant trees and plants, drawn after specimens received from the East Indies and America in the year 1772, and accurately engraved, with their history et characters, in english and latin, by Hill. *London*, 1773, in-fol. de 20 pp. de texte, 11 planches gravées et color. en feuilles.

47. Georgii Everhardi Rumphii Herbarium Amboinense (belgice et latine) nunc primum in lucem editum et in latinum sermonem versum cura et studio Joannis Burmanni qui varia adjecit synonyma, suasque observationes. *Amstælodami*, 1750-1755, 7 part. en 5 vol. in-fol. frontispice, portraits de Rumph et de Burmann, fleurons et environ 696 planches gravées, v. ant. marb.

La 7e partie « Auctuarium..... », se trouve reliée avec le tome VI.

48. Flora Sibirica, sive Historia plantarum Sibiriæ, auctore D. Joh. Georges Gmelin. *Petropoli, typis Acad.*, 1747-1769. 4 vol. in-4, figures, v. ant. rac.

49. Flora Atlantica, sive Historia plantarum, quæ in Atlante, agro Tunetano et Algeriensi crescunt; auctore Renato Desfontaines. *Parisiis, L. G. Desgranges, an VI*, 2 tomes en 1 vol. pour le texte, et 1 volume contenant 254 planches gravées, v. vert jasp. dent. tr. dor.

50. Description des plantes de l'Amérique, avec leurs figures, par le R. P. Charles Plumier, religieux minime. *A Paris, de l'Imprimerie Royale*, 1693. in-fol. 108 planches gravées, v. ant. gran.

51. Traité des Fougères de l'Amérique, par le R. P. Charles Plumier, minime de la province de France, et botaniste du Roy dans les isles de l'Amérique. *A Paris, de l'Imprimerie royale*, 1705, in-fol. v. ant. marbr.

Volume rare contenant 172 planches avec le texte explicatif.

M.

52. Nicolai Josephi Jacquin Selectarum stirpium America-
narum Historia, in qua ad Linnæum systema determinatæ.
Vindobonæ, 1763, in-fol. 183 planches gravées, v. ant.

53. Dreihundert auserlesene amerikanische Gewächse, nach
Linneischer Ordnung. *Nurnberg*, 1785-1787, 4 parties en
2 vol. in-8, environ 200 pl. gravées et color. demi-rel. v.
brun avec coins.

54. Choix des plantes dont la plupart sont cultivées dans le
jardin de M. Cels, par E.-P. Ventenat. *A Paris, de l'imprimerie de Crapelet*, 1 tome en 2 vol. in-fol. 60 pp. de texte,
1 feuillet pour la table et 60 planches gravées, cart. non rog.

    Tirage in-fol. papier vélin.

55. HORTUS BOTANICUS Vindobonensis, seu plantarum rariorum quæ in horto botanico Vindobonensi coluntur, icones
et descriptiones, cura et sumptibus Jacquin. *Vindobonæ*,
1770-1776, 3 vol. gr. in-fol. 300 planches grav. et color. v.
ant.

    Bel exemplaire de cet ouvrage tiré à 162 exemplaires seulement.

56. PLANTARUM RARIORUM horti cæsarei Schoenbrunnensis descriptiones et icones. Opera et sumptibus Nicolai Josephi
Jacquin. *Viennæ, apud C.-F. Wappler*, 1797, 1804, 4 vol.
gr. in-fol. pl. v. rac. dent. tr. dor.

    Très bel ouvrage orné de 500 planches coloriées.

57. Plantæ Selectæ Londini in hortis quarum imagines pinxit
Ehret, collegit et illustravit C. J. Trew, nomina et notas
produxit B. C. Vogel, in æs incidit et coloribus repræsen-
tavit primum J. J. Haid, inde J. E. Haid. *S. l.*, 1750-1773,
grand in-folio, texte de 56 pages à 2 col. titre et 100 planches gravées demi-rel. bas. rouge avec coins.

    Cet exemplaire est orné de deux beaux portraits dont celui d'Ehret
gravé par Haid d'après Heckell, et celui de J. Haid d'après Grauf.

58. Histoire des conserves d'eau douce, suivie de l'histoire des
trémelles et des ulves d'eau douce, par J.-P. Vaucher. *A
Genève, chez J.-J. Paschoud, an XI*, 1803, in-4, 17 planches
gravées, cart. n. rog.

59. Enumeratio lichenum iconibus et descriptionibus illustrata a G.-F. Hoffmann, *Erlangæ, Walther*, 1774, in-4, 22 pl.
gravées, br.

    Le texte s'arrête à la page 102 du fascicule I.

60. Historia Muscorum in qua circiter sexcentæ species ve-
teres et novæ ad sua genera relatæ describuntur et iconibus genuinis illustrantur : cum appendice et indice synony-
morum. Opera Jo. Jac. Dillenii, *Oxonii*, 1741, in-4, 85 pl.
v. ant. rac. dent.

Ouvrage estimé, tiré à petit nombre.

61. D. Joannis Hedwigii Fundamentum Historiæ naturalis
muscorum frondosorum. *Lipsiæ*, 1712, 2 part. en 1 vol.
in-4, planches coloriées, demi-rel. v. viol.

62. Descriptio et adumbratio microscopico analytica muscorum frondosorum nec non aliorum vegetantium e classe
cryptogamica Linnæi novorum dubiisque vexatorum, auctore
Joanne Hedwig. *Lipsiæ, J. G. Mülleriano*, 1787-1796, 4 tomes
en 2 vol. in-fol. planches en couleur, v. ant. rac. dent. tr.
dor.

63. De phasco observationes quibus hoc genus muscorum vin-
dicatur atque illustratur, auctore Schrebero. *Lipsiæ, apud
Crusium*, 1770, in-4 de 22 pag. 2 pl. grav. cart. non rogné.

64. Joh. Chr. Dan. Schreberi Icones et descriptiones plantarum minus cognitarum. *Halæ*, 1766, in-fol. 40 planches
gravées noires et coloriées, cart. non rog.

65. Plantarum Verticillatarum unilabiatarum genera et species, auctore Schrebero. *Lipsiæ, apud Crusium*, 1774, in-4
de 75 pages, cart. non rog.

Manque la planche annoncée sur le titre.

66. Filices britannicæ, an history of the British proper ferns,
with plain and accurate descriptions, and new figures of all
the species and varieties by James Bolton, of Halifax. *Prin-
ted for John Binnds, Leeds*, in-4, 31 planches en couleur,
mar. vert, fil. tr. dor. (*Derome.*)

La reliure est signée.

67. Joh. Scheuchzeri Agrostographia sive graminum, junco-
rum, cyperorum, cyperoidum, iisque affinium Historia ;
accesserunt Alb. Haller synonima imperiora, planta Rhæ-
tici itineris 1709 suscepti, etc... *Tiguri*, 1775, 2 parties en
1 vol. pet. in-4, pl. gravées, cart.

Ouvrage estimé.

68. Dissertatio botanica, auctore Antonio Josepho Cavanilles

Hispano-Valentino. *Parisiis, apud Franciscum-Amb. Didot,* 1785, 2 vol. in-4, v. rac. dent. tr. dor.

Les dix dissertations qui composent cet ouvrage consistent en 463 pp. de texte avec 296 planches ; on en trouve peu d'exemplaires complets.

69. Stapeliarum in hortis Vindobonensibus cultarum descriptiones, figuris coloratis illustratæ, auctore Nicolao Josepho L.-B.-A. Jacquin. *Vindobonæ,* 1806, gr. in-fol. 64 planches coloriées, demi-rel. chagr. vert.

70. Ericarum icones et descriptiones, auctore J. Chr. Wendland. *Hannover,* 1804, in-4, volume I, fascicule i-xii, planches en couleur, cart. non rog.

71. Oxalis Monographia iconibus illustrata. Auctore Nicolao Josepho Jacquin. *Viennæ,* 1794, gr. in-4, avec 81 planches coloriées, demi-rel. v. br.

72. Augustini-Pyrami de Candolle Astragalogia nempe Astragali biserrulæ et oxytropidis, nec non phacæ, colutæ et lesserticæ, historia iconibus illustrata. *Parisiis, sumptibus Joann. Bapt. Garnery, typis Didot junioris,* 1802, in-4, papier vélin fort, 50 planches gravées, cart. non rog.

Les planches de cet ouvrage ont été dessinées par Redouté.

73. Historia salicum iconibus illustrata a Georgio Francisco Hoffmann, fasciculus primus. *Lipsiæ,* 1785, in-fol. 24 pl. gravées, cart. n. rog.

74. Herbarium Blackwellianum, id est, Elisabethæ Blackwell collectio stirpium, cum præfatione Christ. Jac. Trew emendatum et auctum (lat. et german.). *Norimbergæ, de Launoy,* 1757-1773, 6 tomes en 3 vol. in-fol. environ 600 planches gravées et color. bas.

Ces planches passent pour être plus exactes que celles de la première édition anglaise.
Rare.

75. Nic. Joseph Jacquin. Miscellanæ Austriaca ad botanicam, chimiam et historiam naturalem spectantia, cum figuris partim coloratis. *Vindobonæ,* 1778-1781, 2 vol. in-4, planches en couleurs, demi-rel. bas. f.

Raccommodage dans la marge du titre du tome Ier.

76. Nicolai Josephi Jacquin. Collectanea ad Botanicam, Chimiam, et historiam naturalem spectantia. *Vindobonæ,* 1786-

1796, 4 vol. in-4, papier vergé fort, planches en coul. v. rac. dent. tr. dor.

Supplément à la fin du tome IV.

77. Le Botaniste cultivateur, ou Description, culture et usages des plantes..., par Du Mont de Courset; 2ᵉ édition. *Paris, Déterville,* 1811, 6 vol. in-8, pl. gravées, demi-rel.v. brun.

78. Dictionnaire des jardiniers, traduit de l'anglois de Philippe Miller, par une Société de gens de lettres. *Paris, Guillot,* 1785, 8 vol. — Supplément par M. de Chazelles. *Metz,* 1789, 2 vol. — Ens. 10 vol. in-4, fig. demi-rel. v. ant.

79. La Pratique du jardinage, par l'abbé Roger Schabol, rédigé sur ses mémoires (par Dezallier d'Argenville). *Paris, Debure,* 1774, 2 vol. in-12, fig. gravées, v. ant. marbr.

80. Traité de la culture des arbres fruitiers, par M. W. Forsyth, traduit de l'anglois, par J.-P. Pictet-Mallet. *Paris, Bossange,* 1803, in-8, 13 pl. grav. demi-rel. bas.

81. Bibliotheca Botanica, sive Catalogus auctorum et librorum qui de Re Botanica, de Medicamentis ex vegetabilibus paratis, de Re Rustica, et de Horticultura tractant auctore A. J. Fr. Seguierio. *Lugduni-Batavorum,* 1759, in-4, demi-rel. v. viol.

A la fin de ce volume se trouve relié : Bibliotheca Botanica, seu herboristarum scriptorum promota Synodia Ant. Jo. Antonio Bumaldo. *Hagæ-Comitum,* 1740, in-4.

SECONDE PARTIE

DIVERS

82. Quincuplex (latine) psalterium : Gallicum, Rhomanum, Hebraicum, Vetus, conciliatum (a Jacobo Fabro) ; præponuntur quæ subter adjiciuntur Epistola, Epilogus, Appendix, Prologi tres Hyeronimi, Partitio psalmorum triplex, indices duo. *(Parisiis, H. Stephani,* 1508), pet. in-fol. titre sur bois et lettres initiales ornées, bas.

> Plusieurs feuillets sont remontés.

83. Des Délits et des peines, par Beccaria, traduction par Dufey. *Paris, Dalibon,* 1821, in-8, v. vert jaspé, dent. sur les plats, tr. marbr.

84. Dictionnaire des sciences et des arts, par Lunier. *Paris, Gide,* 1805, 3 vol. in-8, texte à 2 col. demi-rel. v. rouge.

85. Nouveau Dictionnaire d'histoire naturelle, appliquée aux arts, principalement à l'agriculture et à l'économie rurale, par une Société de naturalistes. *Paris, Déterville,* 1803-1804, 24 vol. in-8, pl. gravées et color. v. racine, fil.

86. Cours complet d'histoire naturelle de Buffon. *Paris, Deterville,* 1799-1802, 29 vol. in-18, fig. color. brochés.

> Minéraux, 5 vol. — Reptiles, 4 vol. — Insectes, 10 vol. — Coquilles, vers et crustacés, 10 vol.
> 3 de ces volumes ont les marges de côté fortement endommagées par les vers et l'humidité.

87. Le Conservateur de la vue, par J.-G.-A. Chevallier, ingénieur-opticien. *Paris,* 1810, in-8, titre et 7 planches gravées, broché.

88. Description des monuments de sculpture réunis au musée des monuments français, par A. Lenoir. *Paris, Levrault,* 1803. — Bibliographie instructive, par Fr. de Los-Rios, libraire à Lyon. *Avignon et Lyon,* 1777, 2 ouvr. en 1 vol. in-8, demi-rel. bas.

89. Académie universelle des jeux. *Lyon, Ballanche,* 1802,
3 vol. in-12, fig. v. ant.

   Cartes, Billard, Mail, Trictrac, Revertier, Échecs, Whist, Tre-sette,
   Domino, Homme de Brou, etc...

90. Le Grand Trictrac, ou Méthode facile pour l'apprendre
sans maître, etc... *Paris, De Hansy,* 1766, in-8, nombreuses
fig. dans le texte, v. ant.

91. Les Quatre Jeux de dames, polonais, égyptien, échecs et
à trois personnes suivis d'un vol. de planches contenant
400 coups de dames à la polonaise, par Lallement. *Metz,
Behmer,* an X (1801-1802), 2 tomes en 3 vol. in-12, pl. sur
bois, br.

92. Les Œuvres de Virgile, traduites en françois, le texte vis-
à-vis la traduction avec des remarques, par M. l'abbé Des
Fontaines. *Paris, Quillau,* 1743, 4 vol. in-8, 1 frontisp. portraits du prince Maurocordato et de l'abbé Des Fontaines,
et fig. de Cochin, v. ant. marbr. fil.

93. Élégies de Tibulle, suivies des Baisers de Jean Second,
par Mirabeau. *Paris,* 1798, 3 vol. in-8, portraits de Mirabeau et de Sophie et 12 fig. de Borel grav. par Éluin, v. rac.

   Manque le tome III devant contenir 4 figures.

94. Les Épigrammes d'Owen traduites en vers français, par
M. Le Brun, avec le latin à côté. *Bruxelles, J. Léonard,* 1719,
in-12, front. gravé, v. vert, tr. dor.

   La feuille B a été transposée et se trouve à la suite de la feuille K.

95. La Pucelle, poème en vingt et un chants, avec les notes,
par Voltaire. *Paris, P. Didot l'aîné,* 1801. — Parapilla,
poème (par Ch. Borde), 4 fig. — Contes en vers, satires et
poésies mêlées, de Voltaire. *Paris, P. Didot l'aîné, an IX,*
3 parties en un vol. in-12, v. rac.

96. Satyriques du XVIII° siècle. *Paris, Colnet, an VIII-IX,*
4 vol. in-8, v. brun.

97. Les Vêpres Siciliennes, tragédie précédée du discours
d'ouverture du second Théâtre-Français, par Casimir Delavigne. *Paris, Barba,* 1819, in-8, br.

   Première édition.

98. L'École des Vieillards, comédie, par Casimir Delavigne. *Paris, Barba,* 1873, in-8, br.

> Première édition.

99. Les Barricades, scènes historiques, mai 1588 (par Louis Vitet). *Paris, Brière,* 1826, in-8, demi-rel. bas.

> Édition originale.

100. Pièces de théâtre. Réunion de 4 vol. in-8, brochés, dans un carton.

> Les Artistes, par Collin-Harleville. *Paris, Villeflose,* 1797.
> Les Deux Gendres, comédie, par Etienne. *Paris, Le Normant,* 1811.
> La Fille d'honneur, comédie, par Alex. Duval. *Paris, Barba,* 1819.
> Le Mari à bonnes fortunes, ou la Leçon, comédie, par Casimir Bonjour. *Paris, Ponthieu,* 1824.

101. Recueil de pièces de théâtre. Environ 27 pièces réunies en 4 vol. in-8, v. rac. dent. sur les plats.

> Béverlei, tragédie bourgeoise, imitée de l'anglais, par Saurin. *Troyes, Gobelet, an VII.* — Il y a bonne justice, ou le Paysan magistrat, drame imité de Calderon, d'après Linguet, mis au théâtre françois par M. Collot-d'Herbois. *Marseille, Sube et Laporte,* 1778. — Sara, ou la Fermière écossaise, comédie, par M. C... D... M... *Genève,* 1774. — Lodoiska, comédie héroïque, par le C. Fillette-Loraux. *Paris, Barba,* 1803. — Nice, imitation de Tratonice. *Paris, Maret,* 1793. — Le Mariage d'Antonio, par M^mo de Beaunoir. *Lyon, Olyer,* 1786. — La Pupille, comédie, par Fagan. *Troyes, Goblet, an VII.* — L'Ecole de village, opéra-comique, par C.-A.-B. Seurin. *Paris, L. Vente, s. d.* — L'Ami du peuple, ou les Intrigans démasqués, comédie, par Cammaillé-S-Aubin. *Paris, Maradan,* 1793. — La Manie des grandeurs, comédie, par M. Alexandre Duval. *Paris, Vente,* 1817. — Les Deux Gendres, comédie, par M. Etienne. *Paris, Le Normant,* 1815. — La Coquette corrigée, comédie par M. de La Noue. *Bruxelles, Boubers, s. d.* — Les Orphelins, comédie, par M. Hennet-Duvigneux. *Paris, Barba,* 1818. — La Mort d'Abel, tragédie, par le citoyen Le Gouvé. *Paris, Mérigot,* 1793, fig. — Ninus II, tragédie, par M. Brifaut. *Paris, F. Didot,* 1814. — Montmorency, tragédie de Carrion-Nisas. *Paris, Duval,* 1803. — Charles IX, ou l'Ecole des rois, tragédie, par Marie-Joseph de Chénier. *Paris, P. F. Didot jeune,* 1790. — Les Crimes de la noblesse, ou le Régime féodal, par la citoyenne Villeneuve. *Paris, Barba, an II.* — Paul et Virginie, comédie, par M. Favières. *Paris, Fayes,* 1810. — Sargines, ou l'Elève de l'amour, comédie, par Montvel. *Avignon, Garrigan,* 1790. — La Famille indigente, fait historique, par Planterre. *Paris, Barba,* 1796. — Le Devin du village, intermède, par J.-J. Rousseau. *Amsterdam,* 1787. — Les Prétendus, comédie lyrique, par M***. *Paris, Delormel,* 1789. — Le Maurico de Venise, parodie d'Othello, par C. A. B. Sewrin. *Paris, Barba,* 1793. — Le Club des bonnes gens, ou la Réconciliation, par le Cousin Jacques. *Marseille, an V.* — Esope à la Foire, comédie. *Amsterdam,* 1782. — La Matinée et la veillée villageoises, ou le Sabot perdu, par de Piis et Barré. *Paris, Vente,* 1781.

102. Le Manuscrit de feu M. Jérôme (par le comte Antoine Français, de Nantes). *Paris, Bossange,* 1825, in-8, portrait

de M. Jérôme par Delacroix, grav. par Hocquart, fac-simile
de son écriture, demi-rel. bas.

103. Grangeneuve, par H. de Latouche. *Paris, Magen*, 1835,
2 vol. in-8, br.

> Première édition.

104. De près et de loin, roman conjugal, par Paul Lacroix.
Paris, Magen, 1837, 2 vol. in-8, br. avec leurs couv.

> Première édition.

105. Le Gage du roi, par Jean Lafitte. *Paris, Recoules*, 1845,
2 vol. in-8, br.

106. Ouvrages divers de Fauche-Borel, ou se rapportant à
son affaire contre Pérlet. Réunion de 4 vol. in-8, reliés et
brochés.

> Notice sur Pichegru et Moreau. *Londres*, 1807, portrait du lieute-
> nant Wittet.
> Précis des missions dans lesquelles il a été employé. *Paris,* 1815,
> 1 gravure.
> Mémoire pour F. Borel contre Ch. Perlet, augmenté par Lombard
> de Langres. *Paris, Michaud*, 1816.
> Réponse de F. Borel à Riffé dans l'affaire Perlet. *Paris, Michaud*,
> 1816, portr. gravé du lieutenant Wittet.

107. Recueil de 4 pièces réunies en 1 vol. in-8, bas.

> Commentaire historique sur les œuvres de l'auteur de la Henriade,
> par Wagnière, sous la dictée de Voltaire. *Basle, Duker*, 1776,
> 122 pages.
> La Partie de Chasse de Henri IV, par Collé. *Paris, Duchesne*, 1766,
> 120 pages et 4 fig. de Gravelot gr. par Simonet.
> De l'autorité de Rabelais dans la révolution présente et la constitu-
> tion civile du clergé... tiré de Gargantua et Pantagruel, par Ginguené.
> *En Utopie et Paris, Gattey,* 1791, 452 pages.
> Natalie, drame, par Mercier. *Londres et Paris, Ruault,* 1775, 94 pp.

108. Histoire universelle en style lapidaire (par Sylvain Maré-
chal). *Paris, Deterville*, 1800, gr. in-8, papier fort, texte
encadré de fil. noirs, v. rac.

109. Histoire philosophique et politique des établissements
et du commerce des Européens dans les Deux Indes, par
G.-T. Raynal. *Genève, Pellet*, 1780, 10 vol. in-8 de texte et
atlas in-4 contenant 49 cartes, portrait de l'auteur et 9 fig.
de Moreau gravés par de Launay, v. ant. marb. fil.

> La figure de l'«Ouragan» se trouve dans cet exemplaire.

110. Description de l'isle des Hermaphrodites, nouvellement descouverte, avec le Discours de Jacophile à Limme, etc..... pour servir de supplément au Journal de Henri III (par Arthus Thomas, sieur d'Embry). *Cologne, Héritiers de H. Demen*, 1724, pet. in-8, front. grav. demi-rel. v. vert.

Une partie de la marge des ff. 215, 349 et 351 a été arrachée.

111. Mémoires de M. le duc de Lauzun. *Paris, Barrois l'ainé*, 1822, in-8, demi-rel. v. vert.

Bonne édition.

112. Le Gazetier cuirassé, ou Anecdotes scandaleuses de la cour de France..... (par Thévencau de Maurande). *Imprimé à cent lieues de la Bastille*, 1785, pet. in-8, front. br.

113. Précis historique de la Révolution française : Directoire exécutif, par Lacretelle. *Paris, Treuttell et Würtz*, 1806, 2 vol. in-18, 4 fig. de Duplessis-Bertaux, demi-rel. bas. rose.

114. Buonaparte, sa famille et sa cour, anecdotes secrètes..... par un chambellan forcé à l'être. *Paris, Ménard et Desenne*, 1816, 2 vol. in-8, demi-rel. v. gr. avec coins.

Tiré à petit nombre.

115. Les Soirées de Neuilly, par de Fougeray. *Paris, Moutardier*, 1827, in-8, portrait lithogr. de Fougeray d'après Henry Monnier et fac-similé de son écriture, demi-rel. bas.

116. L'Hôtel des Invalides, souvenirs intimes du temps de l'Empire, par Émile Marco de Saint-Hilaire. *Paris, Magen*, 1841, 2 vol. in-8, br. avec leurs couv.

Première édition.

117. La Coutume de Paris, mise en vers, avec le texte à côté, par M. G. D..... (Garnier Des Chesnes). *Paris, Saugrain*, 1782, pet. in-12, v. ant. marb.

Le titre est taché.

118. L'Histoire du règne de l'empereur Charles-Quint, par Robertson, traduit de l'anglois (par Suard, Roger, etc.....). *Amsterdam et Paris, Saillant et Nyon*, 1771, 2 vol. in-4, v. gr.

119. Dictionnaire universel, historique, critique et bibliographique, d'après la huitième édition publiée par MM. Chandon

et Delandine. *Paris, de l'imprimerie de Mame fr.*, 1810-1812, 20 vol. in-8, texte à 2 col. v. jasp.

120. Bibliothèque universelle des Dames (rédigée par une Société de gens de lettres). *Paris*, 1785, 152 vol. in-18, v. ec. fil. tr. dor.

> Morale, 17 vol. — Chimie et physique, 7 vol. — Mathématique, 10 vol. — Botanique, 2 vol. — Médecine domestique, 6 vol. — Economie rurale, 6 vol. — Musique, 2 vol. — Théâtre, 13 vol. — Romans, 24 vol. (moins le tome 21). — Mélanges, 15 vol. — Histoire, 30 vol. — Voyages, 20 vol.

121. LIVRES EN LOTS.

Paris. — Typ. Georges Chamerot, 19, rue des Saints-Pères. — 14010